EXPERIMENTA CON

LAS MÁQUINAS

Wendy Baker y Andrew Haslam

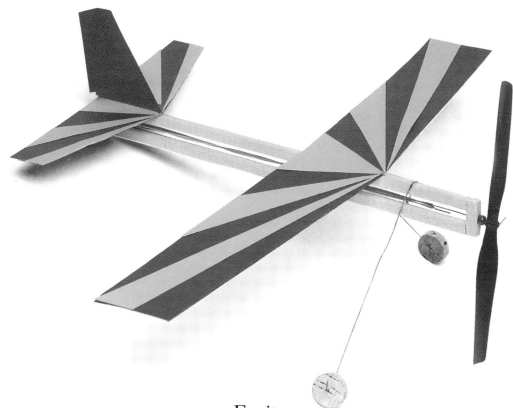

Escrito por
David Glover

Fotografía: Jon Barnes
Asesor de la colección: John Chaldecott
Asesor científico: Graham Peacock
Profesor de metodología de la enseñanza de la ciencia
del Hallam Sheffield University

sm
saber

Colección dirigida por **Paz Barroso**

Primera edición: septiembre 1993
Segunda edición: mayo 1996
Tercera edición: noviembre 1996

Traducción del inglés: *Almudena Bautista*

Título original: *Make it work! Machines*
© Two-Can Publishing Ltd, 1993
© Diseño de la colección: Wendy Baker y Andrew Haslam, 1993
© Ediciones SM, 1993
   Joaquín Turina, 39 - 28044 Madrid

Comercializa: CESMA, SA - Aguacate, 43 - 28044 Madrid

ISBN: 84-348-3997-0
Depósito legal: M-41594-1996
Fotocomposición: Grafilia, SL
Impreso en España/Printed in Spain
Orymu, SA - Ruiz de Alda, 1 - Pinto (Madrid)

Índice

Las palabras en **negrita** se explican
en el vocabulario.

Los hombres somos los únicos seres vivos capaces de inventar y fabricar máquinas. Las utilizamos para edificar rascacielos, levantar cargas pesadas o viajar a mayor velocidad que el sonido. ¡Hasta hemos sabido construir máquinas para ir a la Luna!

EXPERIMENTA

No hace falta que construyas cohetes espaciales para ser un ingeniero mecánico. En realidad, los ingenieros muchas veces inventan máquinas muy simples. Los proyectos de este libro te mostrarán cómo están hechas algunas máquinas, qué trabajo realizan y cómo funcionan. También te mostrarán algunos experimentos de ingeniería. ¡Así podrás aplicar estas ideas para fabricar tus propios inventos!

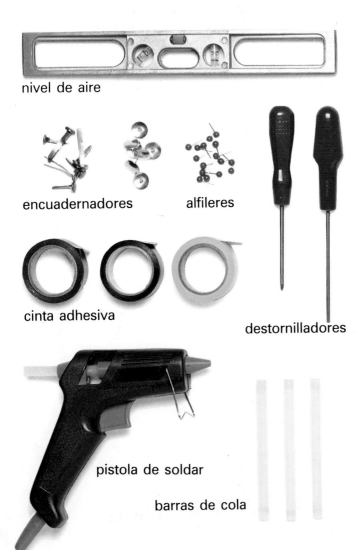

nivel de aire

encuadernadores   alfileres

cinta adhesiva

destornilladores

pistola de soldar

barras de cola

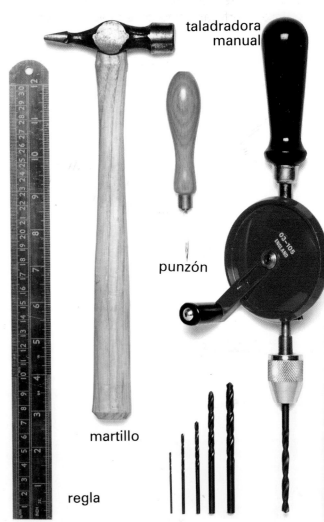

taladradora manual

punzón

martillo

regla

Los científicos que construyen máquinas se llaman **ingenieros mecánicos.** Hacen pruebas y experimentos para inventar nuevas máquinas y conseguir que las antiguas funcionen mejor. Sin ingenieros mecánicos no tendríamos herramientas ni motores, camiones ni trenes, relojes ni abrelatas.

Necesitas:

Puedes construir casi todas tus máquinas con materiales sencillos, como cartón, madera de balsa, botellas de plástico y otros objetos que puedes encontrar por casa. No obstante, necesitarás algunas herramientas para cortar y unir los diferentes materiales. Todas las que se muestran arriba son muy útiles en el equipo de un ingeniero mecánico.

Planificar y medir

Planifica con detenimiento lo que vas a hacer antes de comenzar a construir una máquina. No cortes las piezas sin haberlas medido y marcado previamente con un lápiz. Señala el lugar que quieres perforar antes de empezar a taladrar.

Cortar

Necesitarás una sierra para cortar la madera, y tijeras para cortar papel y cartón. Una cuchilla también te será útil, pero tienes que ser extremadamente cuidadoso con ella. Emplea papel de lija o una lima para alisar los bordes.

Taladrar

Para construir algunas de las máquinas de este libro tendrás que taladrar piezas de madera. Marca el agujero con un punzón y procede luego a taladrarlo con la taladradora manual.

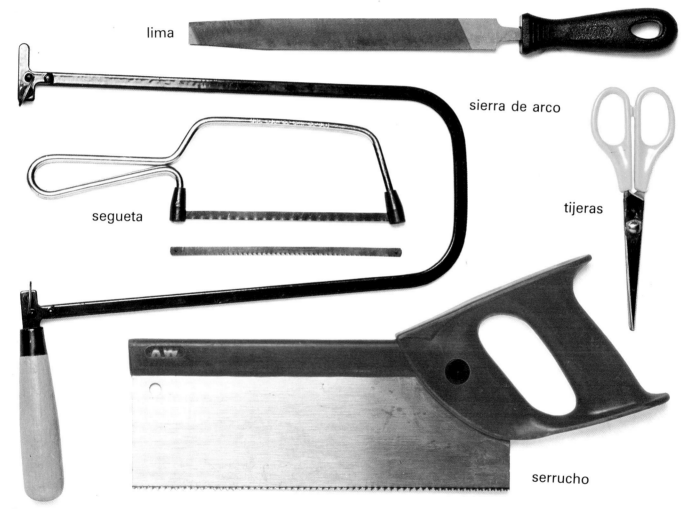

lima

sierra de arco

segueta

tijeras

serrucho

Pegar

La manera más sencilla de unir piezas de madera, cartón o plástico es pegándolas con cola. Ésta es más fácil de aplicar con una pistola de soldar. También son útiles los alfileres, los encuadernadores, los clavos, las grapas y la cinta adhesiva. Un nivel de agua te vendrá muy bien para comprobar que las piezas que has unido están derechas o niveladas.

Algunas máquinas son tan simples que no siempre nos damos cuenta de que lo son. En realidad, una máquina es cualquier cosa que transforma una fuerza en otro tipo de fuerza, realizando un trabajo. Un sacapuntas, por ejemplo, es una máquina que utiliza una fuerza giratoria para cortar madera. Un cascanueces emplea una fuerza de empuje para partir nueces.

A menudo empleamos máquinas para levantar objetos pesados o para ayudarnos a transportar cargas de un lugar a otro. Una carretilla, por ejemplo, es un tipo muy sencillo de máquina elevadora. La empleamos para aumentar la **fuerza** realizada por nuestros músculos. Si quieres trasladar un montón de tierra, puedes llevar una carga mucho mayor en una carretilla que la que podrías levantar con tus propios brazos.

Quizá la máquina más simple de todas las empleadas para incrementar fuerzas es la **palanca.** En realidad, una carretilla es un tipo de palanca, y otros muchos tipos de máquinas complicadas no son otra cosa que varias palancas unidas para realizar diferentes trabajos.

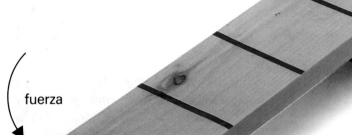

fuerza

carga

punto de apoyo

Para hacer un balancín necesitas:

- *una tablilla de madera*
- *una varilla de madera*
- *una caja de cerillas*
- *tiras de papel de colores*
- *pesos (arandelas o monedas)*
- *una regla*
- *un lápiz*
- *cola*

EXPERIMENTA

Una palanca simple es una barra recta que descansa en un **punto de apoyo.** Cuando aplicas una fuerza en un extremo de la palanca, el otro extremo se eleva y levanta la **carga.**

Haz este modelo de palanca y descubre tú mismo cómo funciona.

1 Pon una marca hecha con una tira de papel cada 3 cm.

2 Pega la varilla en la caja de cerillas para hacer el punto de apoyo.

3 Pon la tablita sobre el punto de apoyo, justo en el centro, de forma que los dos extremos se balanceen.

Ahora experimenta con los pesos. Pon un peso (carga) a tres marcas del punto de apoyo. ¿Dónde tienes que colocar otro peso (fuerza) para levantar la carga?

¡Más carga y menos esfuerzo!

Si la carga está cerca del punto de apoyo, es más fácil de levantar y no se necesita mucho esfuerzo. Probablemente te hayas dado cuenta de esto jugando en un balancín: puedes levantar a alguien más pesado que tú si te sientas más lejos del punto de apoyo que él.

Prueba a colocar dos pesos (cargas) a dos marcas del punto de apoyo de tu balancín. ¿Dónde tienes que poner un único peso para levantar la carga?

Balanzas

Las balanzas de cruz utilizan una palanca para realizar medidas muy exactas. Fabrica esta balanza, que es lo suficientemente sensible como para pesar una pluma.

Necesitas:

- *cartón y cinta adhesiva*
- *hilo y clavos*
- *un listón largo de madera*
- *una varilla corta de madera*
- *dos vasos*
- *plastilina*
- *alfileres*

5 Apoya las puntas de los clavos que atraviesan la varilla en los vasos colocados boca abajo. Si los dos platillos no están nivelados, añade un poco de plastilina a uno de ellos hasta que se equilibren.

◁ Utiliza tu balanza para pesar objetos ligeros. ¿Cuántos alfileres necesitas para equilibrar una pluma?

¡Resulta imposible quitar la chapa a una botella con las manos! Sin embargo, con un abrebotellas —que es una palanca— resulta fácil. ¿Sabes dónde está el punto de apoyo, la carga y la fuerza en esta máquina simple?

1 Haz una muesca en la varilla corta y pega en ella el listón largo.

2 Clava un clavo largo en cada extremo de la varilla, perpendicularmente a su eje. Tiene que asomar la punta, como se muestra arriba.

3 Haz los platillos de la balanza con cartón, hilo y cinta adhesiva.

4 Haz una ranura en cada extremo del brazo de la balanza y cuelga un platillo en cada una.

¿Has lanzado alguna vez un guisante con una cuchara? Si lo has hecho, estabas empleando una palanca. Tu pulgar era el punto de apoyo y tus dedos aplicaban la fuerza, haciendo que el cuenco de la cuchara se moviera rápidamente y lanzara el guisante al aire.

Una catapulta funciona de la misma forma. Antes de que se inventara la pólvora, los ejércitos utilizaban catapultas para lanzar piedras, bolas ardiendo u otros **proyectiles** a sus enemigos.

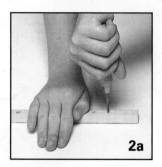

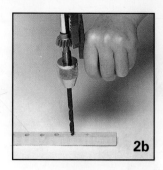

1   Pide a un adulto que te ayude a serrar las piezas de madera necesarias para la base, los dos brazos laterales y el brazo principal de la catapulta.

2   Taladra agujeros cada 2 cm a lo largo del brazo principal de la catapulta y de los brazos laterales. Los agujeros deben tener el tamaño suficiente para que pueda entrar en ellos la varilla que hace de eje. Antes de taladrar, marca la posición de cada agujero con un punzón, como se muestra arriba.

EXPERIMENTA

La catapulta de esta página está impulsada por una goma elástica estirada.

Necesitas:

- una varilla de madera
- una lata pequeña o un vasito de plástico
- cartón corrugado grueso
- una taladradora manual
- una goma elástica fuerte
- trozos de esponja
- cola de madera
- un punzón
- madera
- cáncamos
- chinchetas
- pintura

3   Corta con mucho cuidado las piezas laterales triangulares de cartón corrugado con una cuchilla.

4   Pega las piezas laterales de cartón y los brazos laterales de madera a la base. Después pega la lata o el vasito de plástico sobre el extremo del brazo principal de la catapulta.

5   Marca en la base la posición de los cáncamos con el punzón y atorníllalos.

*Cuando lanzas un objeto con la catapulta, éste describe un camino curvo por el aire llamado **trayectoria**. La distancia que recorre el objeto se denomina **alcance**. El alcance del objeto y la altura máxima que consigue en su trayectoria dependen de la velocidad y el ángulo con que ha sido lanzado.*

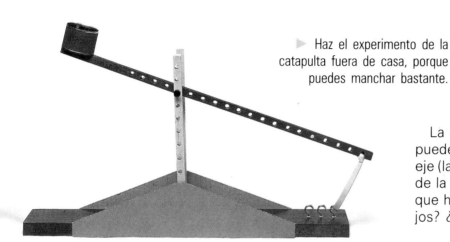

▷ Haz el experimento de la catapulta fuera de casa, porque puedes manchar bastante.

La catapulta está diseñada de forma que puedes cambiar la posición y la altura del eje (la varilla de madera), además del ángulo de la goma elástica. ¿Qué crees que tienes que hacer para que la esponja vaya más lejos? ¿Y más alta?

6 Cuando la cola esté seca, ya puedes montar la catapulta. Alinea uno de los agujeros del brazo principal con dos de los brazos laterales. Introduce la varilla que hace de eje a través de los tres agujeros y asegura que no se salga poniendo una chincheta en cada extremo.

7 Ata la goma elástica en el agujero del extremo del brazo de la catapulta y pásala por uno de los cáncamos.

Prueba de puntería

Unos trozos pequeños de esponja pueden ser buenos proyectiles. Si mojas la esponja en pintura de colores antes de lanzarla, dejará la marca sobre una diana de cartón que puedes hacer tú mismo.

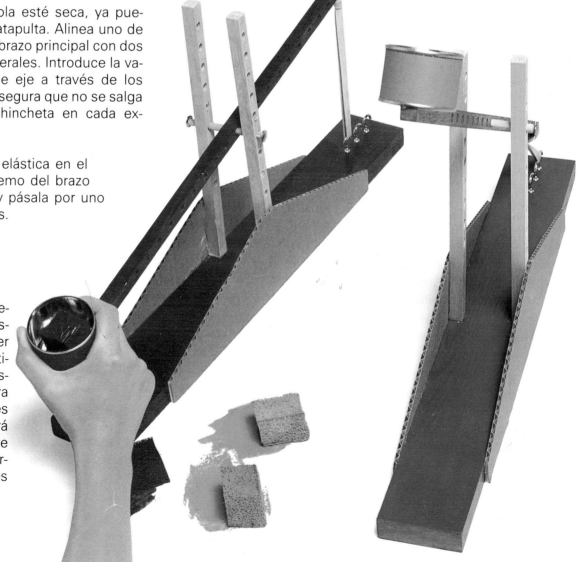

Las palancas no sólo sirven para levantar cargas. También las empleamos para cambiar el sentido del movimiento.

Los dos extremos de una palanca simple siempre se mueven en sentidos opuestos. Un extremo se desplaza hacia arriba cuando se empuja el otro hacia abajo. Uniendo dos palancas con una unión flexible, podemos conseguir movimientos hacia delante y hacia atrás, así como hacia arriba y hacia abajo. Las excavadoras mecánicas funcionan de esta manera, y los huesos de nuestros brazos y piernas son también palancas acopladas.

Necesitas:
- cola
- un corcho
- una taladradora manual
- papel de lija
- tuercas y tornillos
- un sacapuntas y alfileres
- listones planos de madera de balsa
- un rotulador y papel
- una varilla de madera
- una mesa de dibujo y chinchetas

EXPERIMENTA

Un **pantógrafo** es un instrumento de dibujo formado por palancas acopladas. Construye uno y experimenta cómo funciona.

1 Corta la madera para hacer dos brazos de 22 cm de longitud y otros dos de 12 cm. Redondea los extremos con papel de lija.

2 Taladra agujeros en las palancas, del tamaño suficiente para introducir los tornillos. Empieza haciendo taladros en los extremos de las cuatro palancas.

3 Ahora haz un nuevo taladro en el centro de cada una de las palancas largas. Para que el pantógrafo funcione correctamente, todos los taladros tienen que estar igualmente espaciados, por lo que debes medir cuidadosamente y marcar la posición de los agujeros con un lápiz antes de comenzar a taladrar.

4 Une las palancas largas en un extremo usando un tornillo y una tuerca. Después acopla una palanca corta al centro de cada brazo largo. No aprietes mucho los tornillos, ya que las palancas deben poder girar con facilidad.

5 Pide a un adulto que te ayude a taladrar un agujero del mismo diámetro del rotulador en el corcho.

6 Pega el corcho al extremo libre de una de las palancas cortas. Introduce el rotulador por el agujero y por el extremo libre de la otra palanca corta, como se muestra a la derecha.

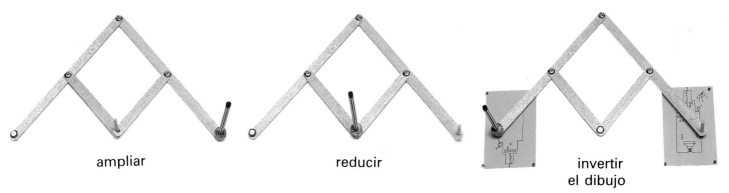

ampliar

reducir

invertir
el dibujo

7 Afila con un sacapuntas la varilla que hará de puntero y colócalo en el extremo de una de las palancas largas.

8 Pon el pantógrafo sobre una mesa de dibujo y fija con una chincheta el otro extremo largo.

9 Sujeta con alfileres el dibujo que quieres copiar debajo del puntero y un trozo de papel en blanco debajo del rotulador.

▽ Si usas el pantógrafo de esta manera, la copia saldrá más pequeña que el original. Las palancas cortas miden la mitad que las largas, por lo que la copia será la mitad de tamaño.

10 Pasa el puntero por las líneas del dibujo y observa cómo las palancas del pantógrafo transmiten el movimiento al rotulador.

Dibujos diferentes

Si intercambias las posiciones de la chincheta, el puntero y el rotulador, puedes conseguir que el pantógrafo dibuje más grande, al mismo tamaño o al revés. Las fotografías de arriba te muestran cómo debes colocar las piezas para conseguir algunos de estos resultados diferentes con tu pantógrafo.

Experimentos con el pantógrafo

¿Qué crees que sucederá si cambias la longitud de las palancas? Puedes experimentar haciendo más taladros en las palancas y uniéndolas de formas diferentes. A lo mejor consigues dibujos alargados, ensanchados, inclinados...

Los movimientos que realizan las palancas acopladas dependen de dos cosas: de la longitud de las palancas y de la posición de las uniones. El movimiento se puede hacer más amplio o más reducido cambiando simplemente la manera de unir unas palancas con otras.

Imagínate que tuvieras que colocar una bandera en lo alto de un mástil. ¿Cómo podrías hacerlo cómodamente, sin tener que subirte a él?

La forma más sencilla sería usando una **polea** situada en la parte superior del mástil y una cuerda.

Una polea transforma una fuerza hacia abajo ejercida desde un extremo de la cuerda en una fuerza hacia arriba en el otro extremo. Empleando poleas simples podemos elevar todo tipo de cargas. Si en tu casa tienes persianas enrollables, cada vez que las subes o las bajas estás usando una polea.

EXPERIMENTA

Los carretes de hilo pueden convertirse en poleas excelentes. Con unos pocos carretes puedes construir poleas de diferente tipo y así experimentar con ellas.

Necesitas:

- *carretes de hilo*
- *cuerda o cordón*
- *recipientes de yogur*
- *cáncamos*
- *alambre grueso*
- *alicates*
- *arena*

▲ Polea simple

1 Pasa un trozo de alambre por el agujero de un carrete de hilo y dóblalo con unos alicates hasta conseguir la forma de percha que tiene en la fotografía.

2 Asegúrate de que el carrete gira libremente alrededor del alambre. Cuelga la polea de un cáncamo.

3 Pasa la cuerda por la polea y ata a un extremo un objeto que pese; por ejemplo, un recipiente de yogur lleno de arena. Puedes hacer el asa del recipiente con un trozo de alambre.

Levanta el peso fácilmente. Experimenta con qué facilidad eres capaz de levantar el recipiente lleno de arena con tu polea simple. Ésta no permite levantar un peso haciendo menos esfuerzo; únicamente cambia el sentido de aplicación de la fuerza: tiras de la cuerda hacia abajo para elevar la carga. Con una polea simple no puedes levantar cargas más grandes que las que serías capaz de elevar empleando la fuerza de tus brazos. Sin embargo, observa qué ocurre si usas dos o más poleas juntas.

◁ Polea doble

1 Haz otra polea simple, exactamente igual que la primera, y engánchala al asa del recipiente.

2 Ata un extremo de la cuerda a la parte superior del gancho de alambre de la primera polea.

3 Pasa la cuerda por debajo de la polea inferior y luego por encima de la superior.

Ahora utiliza el sistema de polea doble y averigua si tienes que hacer más o menos fuerza que con una polea simple.

▷ Polea cuádruple

Construye un sistema de cuatro poleas con dos conjuntos de poleas paralelas.

1 Utilizando un trozo de alambre más largo, haz otros dos soportes anchos para que quepan dos carretes, uno junto al otro.

2 Ata la cuerda al gancho superior. Pásala por debajo de una de las dos poleas inferiores y luego alrededor de las otras, como se muestra en la fotografía.

¿Cómo funciona el sistema de cuatro poleas comparado con los otros más sencillos?

A menor esfuerzo, menor distancia. Con dos poleas puedes elevar el doble de peso sin ejercer una fuerza mayor que si utilizaras una sola polea; pero no consigues esto a cambio de nada: ¡la carga recorre la mitad de distancia en comparación con la cantidad de cuerda recogida! Cuatro poleas suben cuatro veces más peso con el mismo esfuerzo, pero la carga recorre la cuarta parte de distancia.

Las poleas funcionan de manera similar a las palancas: nos permiten levantar grandes cargas con un esfuerzo pequeño. Con un sistema de poleas, un mecánico puede sacar el motor de un coche para repararlo, y luego colocarlo de nuevo en su sitio.

¿Has patinado sobre hielo alguna vez? Los patines se deslizan con suavidad sobre la superficie lisa y avanzas casi sin esfuerzo. Las botas de goma, por el contrario, no resbalan casi nada. Sus suelas se adhieren al suelo y evitan que te escurras, aunque camines por el barro.

▲ Pon algunas canicas bajo una tapa de hojalata sobre una superficie lisa. Las canicas reducen el rozamiento, y la tapa se desliza suavemente. Éste es el procedimiento que se emplea en los **rodamientos** o cojinetes de bolas.

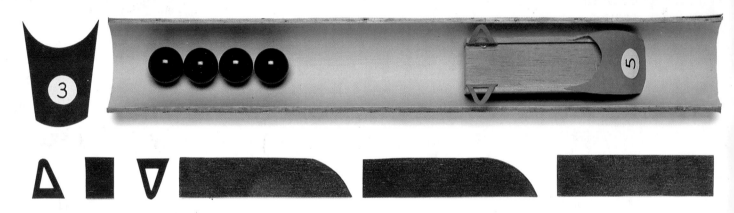

Rozamiento

Las botas de goma se agarran fuertemente al suelo a causa de la fricción o **rozamiento.** El rozamiento es una fuerza invisible que se produce cuando dos objetos frotan uno contra el otro. El rozamiento evita que las cosas deslicen. Cuando la goma fricciona contra otro objeto, se genera gran cantidad de rozamiento. Pero el filo de metal de los patines sobre el hielo apenas produce ninguno.

Rodamientos

Es necesario reducir el rozamiento en algunos elementos de las máquinas, ya que no permite el movimiento suave de los mismos. Muchas máquinas contienen rodamientos para reducir la fricción. Por ejemplo, el **cubo** de la rueda de una bicicleta tiene cojinetes de bolas. Cuando la rueda gira, las bolas ruedan en el interior del cubo.

EXPERIMENTA

En los Juegos Olímpicos de Invierno, los **bobsleighs** bajan las pistas a velocidades escalofriantes. Estos modelos de **bobsleigh** no se deslizan sobre el hielo, pero alcanzan grandes velocidades al descender por unas pistas de cartulina.

Necesitas:

- *cola de madera*
- *tubos de cartón*
- *varillas de madera*
- *madera de balsa*
- *algunas canicas*
- *plastilina*
- *cartulina*

4 Construye la pista con secciones de tubo conectadas por curvas de cartulina. Sujeta la pista con varillas de madera fijadas al suelo con plastilina.

5 Decora la pista con banderas de cartulina y rotuladores de colores.

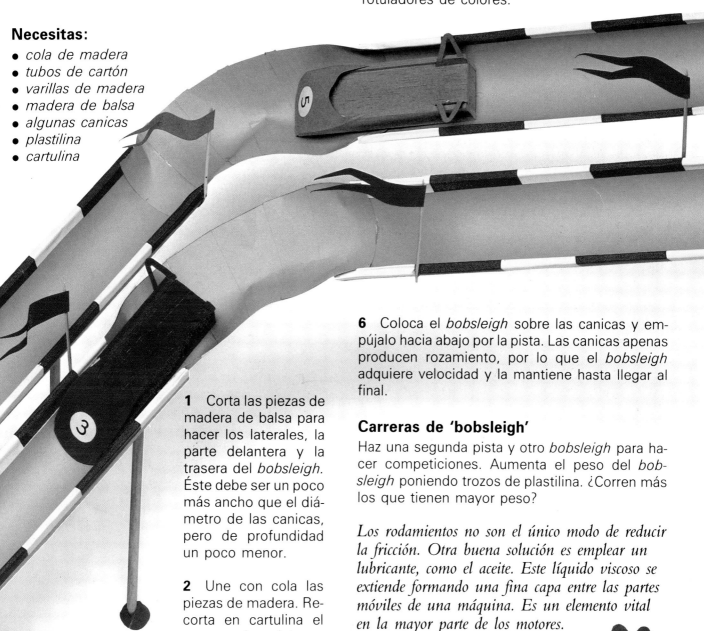

1 Corta las piezas de madera de balsa para hacer los laterales, la parte delantera y la trasera del *bobsleigh*. Éste debe ser un poco más ancho que el diámetro de las canicas, pero de profundidad un poco menor.

2 Une con cola las piezas de madera. Recorta en cartulina el morro y las aletas y pégalos en su posición.

3 Pide a un adulto que corte por la mitad, en sentido longitudinal, los tubos de cartón para fabricar la pista de *bobsleigh*. (Pueden servirte tubos de rollos de papel de aluminio o unos canalones viejos de plástico.)

6 Coloca el *bobsleigh* sobre las canicas y empújalo hacia abajo por la pista. Las canicas apenas producen rozamiento, por lo que el *bobsleigh* adquiere velocidad y la mantiene hasta llegar al final.

Carreras de 'bobsleigh'

Haz una segunda pista y otro *bobsleigh* para hacer competiciones. Aumenta el peso del *bobsleigh* poniendo trozos de plastilina. ¿Corren más los que tienen mayor peso?

Los rodamientos no son el único modo de reducir la fricción. Otra buena solución es emplear un lubricante, como el aceite. Este líquido viscoso se extiende formando una fina capa entre las partes móviles de una máquina. Es un elemento vital en la mayor parte de los motores.

Tiovivos, máquinas de coser, tocadiscos, carretes de pescar, lavadoras y bicicletas son algunos ejemplos de máquinas que giran o **rotan** en su funcionamiento.

Los elementos que giran en el interior de una máquina pueden conectarse mediante una **correa de transmisión.** Al girar un elemento, éste arrastra la correa que lo rodea, transmitiendo el movimiento de giro a los demás elementos de la máquina.

1 Corta el papel de lija en tiras y pega una alrededor de cada carrete de hilo. Gracias a la superficie rugosa del papel de lija, se consigue que haya rozamiento entre los carretes y la correa y que ésta no deslice.

2 Dibuja la parte anterior y posterior de cada acróbata sobre un trozo de cartulina, como se muestra en la fotografía, dejando un espacio entre ambas partes para hacer la base. Recorta las figuras. Luego dóblalas y pégalas para que se mantengan de pie.

3 Pega un acróbata sobre cada carrete.

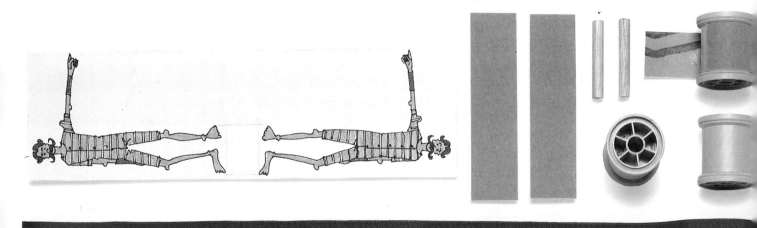

EXPERIMENTA

Una correa de transmisión gira alrededor de un conjunto de poleas para transmitir la fuerza de rotación de un lugar a otro. Para que la correa funcione correctamente, tiene que existir rozamiento entre ella y las poleas para que no deslice. Si la correa está muy floja, no arrastrará las poleas; si está muy tensa, puede romperse o torcer las poleas. Estos atletas giran sobre carretes de hilo conectados mediante una cinta.

Necesitas:

- *carretes de hilo*
- *una tabla de madera*
- *'velcro' adhesivo*
- *una varilla de madera*
- *una cinta*
- *papel de lija*
- *cola y cartón*

4 Pide a un adulto que te ayude a cortar la varilla de madera en varios trozos pequeños. Utiliza el papel de lija para suavizar los extremos.

5 Haz los taladros en la base de madera. Deben tener el diámetro necesario para que los trozos de varilla se ajusten perfectamente.

6 Coloca las varillas en los agujeros y luego introduce un carrete en cada varilla. Comprueba que todas los carretes pueden girar libremente.

7 Introduce un trozo corto de varilla en la parte superior de un carrete, entre el agujero central y el borde. Ésta será la manivela que usarás para girar la correa de transmisión.

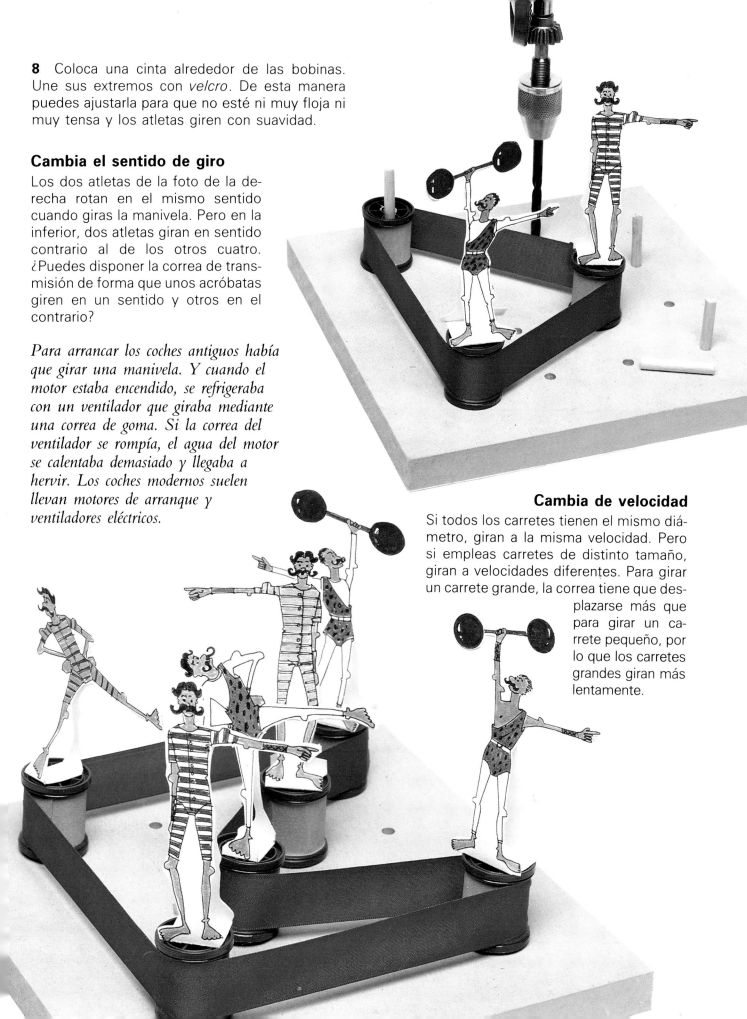

8 Coloca una cinta alrededor de las bobinas. Une sus extremos con *velcro*. De esta manera puedes ajustarla para que no esté ni muy floja ni muy tensa y los atletas giren con suavidad.

Cambia el sentido de giro

Los dos atletas de la foto de la derecha rotan en el mismo sentido cuando giras la manivela. Pero en la inferior, dos atletas giran en sentido contrario al de los otros cuatro. ¿Puedes disponer la correa de transmisión de forma que unos acróbatas giren en un sentido y otros en el contrario?

Para arrancar los coches antiguos había que girar una manivela. Y cuando el motor estaba encendido, se refrigeraba con un ventilador que giraba mediante una correa de goma. Si la correa del ventilador se rompía, el agua del motor se calentaba demasiado y llegaba a hervir. Los coches modernos suelen llevan motores de arranque y ventiladores eléctricos.

Cambia de velocidad

Si todos los carretes tienen el mismo diámetro, giran a la misma velocidad. Pero si empleas carretes de distinto tamaño, giran a velocidades diferentes. Para girar un carrete grande, la correa tiene que desplazarse más que para girar un carrete pequeño, por lo que los carretes grandes giran más lentamente.

Podrás encontrar **engranajes** en casi todas las máquinas que giran. Los relojes y las bicicletas tienen engranajes. Como las correas de transmisión, los engranajes conectan elementos giratorios de una máquina, pero duran más que aquéllas y son más precisos. Si has montado en bicicleta de montaña, sabrás que los engranajes son también una buena forma de cambiar de velocidad.

EXPERIMENTA

La mejor manera de descubrir cómo funcionan los engranajes es construir tú mismo algunos y experimentar con ellos. Estas ruedas dentadas caseras están hechas con tapas de tarros y tiras de cartón corrugado pegadas alrededor del borde. La parte ondulada del cartón debe ir hacia fuera para formar los dientes de las ruedas.

1 Rodea el borde de la tapa de un tarro con una tira de cartón. Intenta colocarla de manera que haya un número exacto de dientes alrededor de la tapa. Corta con cuidado la tira y pégala en su posición.

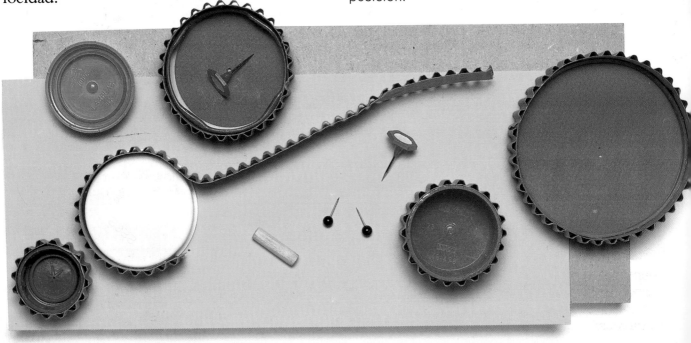

Necesitas:
- *tiras de cartón corrugado de 1 cm de ancho*
- *tapas de tarros y tapones de botellas de diferentes tamaños*
- *un tablero, chinchetas y alfileres*
- *una varilla corta de madera*
- *cola y papel*

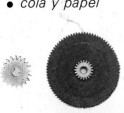

2 Haz un agujerito en el centro de la rueda dentada y sujétala al tablero con una chincheta. No la claves demasiado: la rueda tiene que girar bien.

3 Clava en el tablero ruedas dentadas de distintos tamaños. Pega un trozo de varilla en el borde interior de una rueda para hacer la manivela.

4 Coloca las ruedas de forma que los dientes **engranen**. Al girar una rueda, sus dientes arrastran la rueda contigua y la hacen girar al contrario.

Experimentos con engranajes

Conecta varias ruedas dentadas como se muestra en la fotografía de arriba. Si haces girar la rueda de mayor tamaño, ¿qué ocurre con las dos más pequeñas? ¿En qué sentido giran? ¿Cuál completa un giro en menos tiempo?

Ahora acciona la rueda de menor tamaño. ¿Cómo giran las de mayor tamaño: más deprisa o más despacio?

Cuenta el número de dientes de cada rueda. Cuando una rueda de 20 dientes da una vuelta completa, ¿cuántas vueltas da una rueda de 10 dientes?

Cadenas de transmisión

Algunas veces, las ruedas dentadas se conectan mediante **cadenas de transmisión**. La cadena de una bicicleta conecta el anillo de engranaje de los pedales con los piñones de la rueda trasera. La cadena transfiere el movimiento de los pedales a la rueda.

▼ Haz un modelo de cadena de transmisión con una tira larga de cartón corrugado con los extremos pegados. Colócala rodeando dos ruedas dentadas de diferente tamaño y descubre cuánto gira la rueda pequeña cuando mueves la de mayor diámetro.

Utilizando engranajes se pueden hacer bonitos dibujos. Cuando una rueda dentada gira, cada punto de su superficie sigue una trayectoria diferente. Trazando estas trayectorias podemos dibujar bucles y curvas que se repiten y se desplazan al girar la rueda.

1 Emplea una cuchilla para recortar un círculo grande en medio de un trozo cuadrado de cartón.

2 Pega una tira estrecha de cartón corrugado en el perímetro del círculo. El cartón liso debe ir pegado, y el ondulado queda por el interior para formar los dientes. Asegúrate de que el borde de la tira no sobresalga por abajo para que el cuadrado de cartón pueda apoyarse perfectamente sobre el tablero.

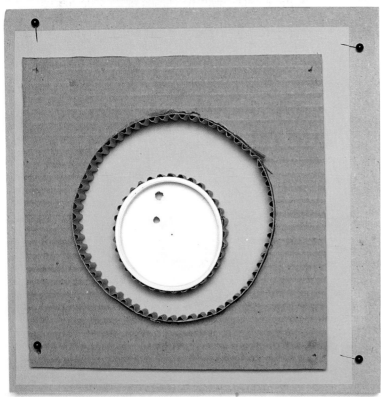

EXPERIMENTA

Esta máquina de engranajes para dibujar emplea las ruedas dentadas hechas con tapas de tarros y cartón corrugado de la página anterior. Experimenta con ruedas dentadas de diferentes tamaños para realizar distintos tipos de dibujos.

3 Coloca una hoja de papel sobre el tablero y clava el cuadrado de cartón con el agujero.

4 Haz varios agujeros pequeños en tus ruedas dentadas, a diferentes distancias del centro. Los agujeros deben tener el tamaño suficiente para poder introducir por ellos la punta del lápiz.

Necesitas:

- alfileres o chinchetas
- un tablero y papel
- cartón corrugado
- un bolígrafo
- ruedas dentadas hechas con tapas y cartón (es más fácil hacer agujeros en ruedas dentadas hechas con tapas de plástico)

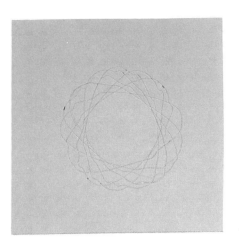
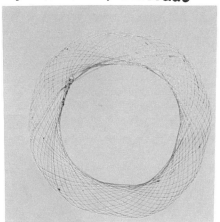

5 Coloca una rueda dentada en el interior del agujero del cartón e introduce la punta de tu lápiz por uno de los taladros pequeños hasta que toque el papel.

6 Sujeta el tablón firmemente con una mano y utiliza el lápiz para desplazar la rueda dentada con cuidado, girándola por el interior del círculo grande. Al ir girando la rueda, el lápiz dibuja una línea sobre el papel.

7 Sigue desplazando el lápiz y la rueda dentada hasta completar el dibujo.

▲ Prueba a hacer distintos dibujos empleando ruedas dentadas de distintos tamaños y colocando el lápiz en taladros a distancias diferentes del centro de la rueda.

Algunos dibujos se repetirán tras unos pocos giros; otros necesitarán muchas vueltas para empezar de nuevo. ¿Eres capaz de descubrir si esto tiene algo que ver con el número de dientes de las ruedas o la posición del taladro del lápiz?

Puedes hacer otro agujero circular dentado de diferente tamaño para realizar nuevos dibujos.

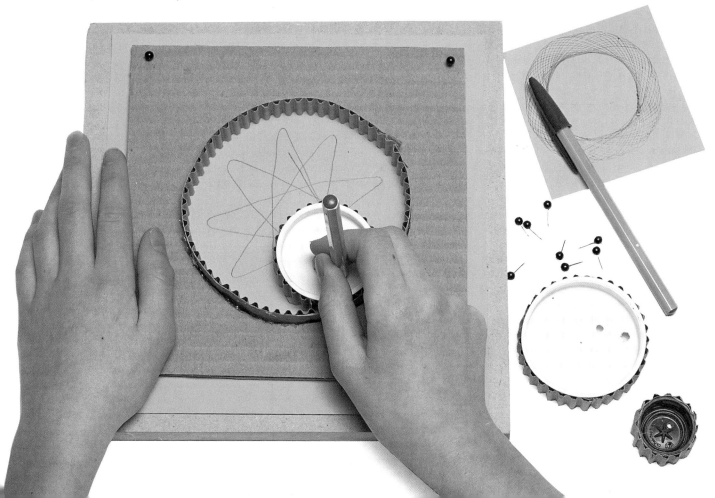

Mediante los engranajes podemos transferir el movimiento de una rueda a otra, pero ¿cómo se transforma un movimiento rotatorio en otro lineal hacia arriba y hacia abajo? La respuesta es mediante una **leva**.

Una leva es como una rueda, pero con el árbol —el eje que pasa por el centro— fuera de su sitio. Si observas un punto del borde de la leva, parece moverse de arriba abajo mientras el árbol de la leva gira.

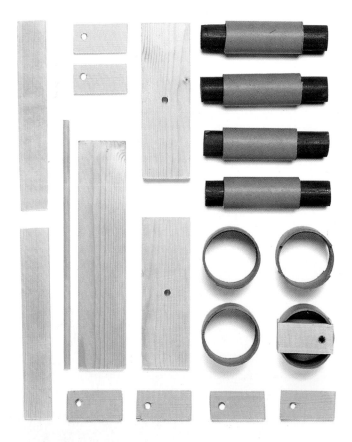

EXPERIMENTA

Este modelo de **árbol de levas** muestra cómo con un movimiento de rotación se pueden mover cosas de arriba abajo y en el orden que uno quiera.

Necesitas:

- *dos tubos de cartón de diámetros diferentes*
- *varillas finas y gruesas*
- *cola*
- *una chincheta*
- *listones de madera*

1 Pide a un adulto que te ayude a cortar las piezas del bastidor que sujeta el árbol de levas y los émbolos. La altura de las piezas laterales tiene que ser de al menos el doble del diámetro de las levas. La distancia entre los dos listones superiores debe ser igual al diámetro de los tubos finos de cartón.

2 Corta el tubo de cartón de mayor diámetro en cuatro trozos. Serán las levas.

3 Corta ocho tablillas de madera que midan lo mismo que el diámetro de las levas de cartón. Haz un taladro del mismo diámetro que el de la varilla fina en un extremo de cada tablilla.

4 Haz unas muescas en los bordes de las levas y pega las tablillas en su posición, como se muestra en la fotografía. Asegúrate de que los taladros están enfrentados a ambos lados de cada leva.

5 Cuando se seque la cola, introduce la varilla de madera a través de las levas para completar el árbol de levas.

6 Corta cuatro trozos del tubo más fino de cartón y cuatro trozos un poco más largos de la varilla gruesa, para ajustarlos en su interior. Éstos serán los émbolos.

7 Perfora un agujero de un diámetro un poco mayor que el de la varilla gruesa en la mitad de las dos piezas laterales.

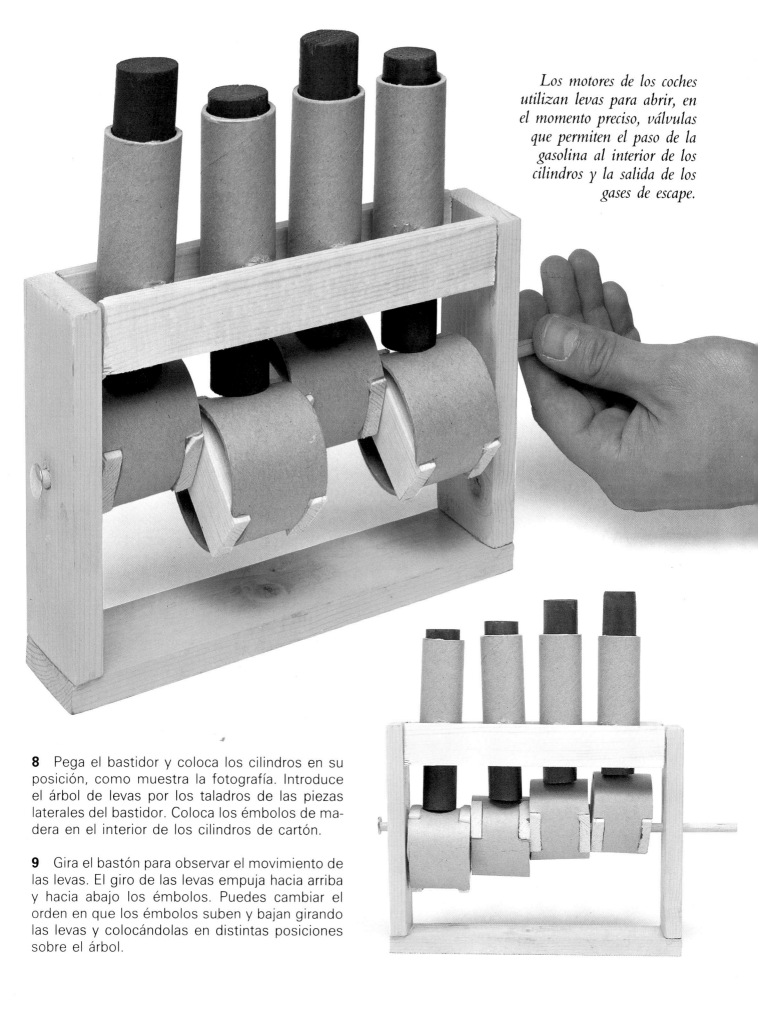

Los motores de los coches utilizan levas para abrir, en el momento preciso, válvulas que permiten el paso de la gasolina al interior de los cilindros y la salida de los gases de escape.

8 Pega el bastidor y coloca los cilindros en su posición, como muestra la fotografía. Introduce el árbol de levas por los taladros de las piezas laterales del bastidor. Coloca los émbolos de madera en el interior de los cilindros de cartón.

9 Gira el bastón para observar el movimiento de las levas. El giro de las levas empuja hacia arriba y hacia abajo los émbolos. Puedes cambiar el orden en que los émbolos suben y bajan girando las levas y colocándolas en distintas posiciones sobre el árbol.

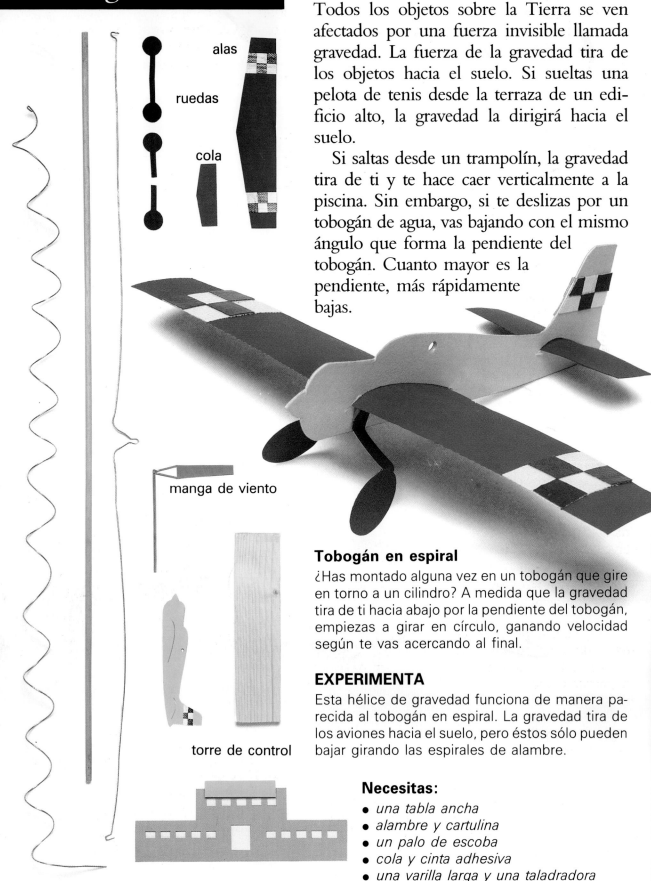

alas

ruedas

cola

Todos los objetos sobre la Tierra se ven afectados por una fuerza invisible llamada gravedad. La fuerza de la gravedad tira de los objetos hacia el suelo. Si sueltas una pelota de tenis desde la terraza de un edificio alto, la gravedad la dirigirá hacia el suelo.

Si saltas desde un trampolín, la gravedad tira de ti y te hace caer verticalmente a la piscina. Sin embargo, si te deslizas por un tobogán de agua, vas bajando con el mismo ángulo que forma la pendiente del tobogán. Cuanto mayor es la pendiente, más rápidamente bajas.

manga de viento

torre de control

Tobogán en espiral

¿Has montado alguna vez en un tobogán que gire en torno a un cilindro? A medida que la gravedad tira de ti hacia abajo por la pendiente del tobogán, empiezas a girar en círculo, ganando velocidad según te vas acercando al final.

EXPERIMENTA

Esta hélice de gravedad funciona de manera parecida al tobogán en espiral. La gravedad tira de los aviones hacia el suelo, pero éstos sólo pueden bajar girando las espirales de alambre.

Necesitas:

- *una tabla ancha*
- *alambre y cartulina*
- *un palo de escoba*
- *cola y cinta adhesiva*
- *una varilla larga y una taladradora*

1 Enrolla el alambre alrededor del palo de escoba para hacer la hélice. Cada vuelta del alambre tiene que estar a la misma distancia que la anterior. Saca la hélice del palo de escoba.

8 Cuelga los aviones y coloca el centro del alambre en la parte superior de la hélice. Déjalo deslizarse y observa si lo hace con suavidad al bajar por la hélice. Es posible que tengas que ajustar la forma del alambre y algunas de las espirales de la hélice hasta, conseguir que los aviones vuelen bien.

2 Pide a un adulto que te ayude a taladrar un agujero en la tabla de madera. Introduce y pega en él la varilla larga.

3 Desliza la hélice de alambre por la varilla. Sujeta el extremo a la base con cinta adhesiva.

4 Haz la manga de viento y la torre de control y pégalas a la base de madera.

5 Corta las piezas de los dos aviones. Haz dos cortes curvos en la pieza del fuselaje para introducir las alas y la cola. Pega las ruedas debajo de las alas.

6 Sujeta suavemente el fuselaje de uno de los dos aviones entre tus dedos y desplázalos poco a poco hasta que el avión se mantenga en equilibrio. Haz una marca en ese lugar y luego perfora un pequeño taladro.

7 Dobla un segundo trozo de alambre por el centro, dándole forma de V para que se ajuste a la hélice de alambre. Haz dos pequeños ganchos en los extremos para colgar los aviones.

Las semillas del sicomoro crecen en parejas. Cada semilla tiene un ala, lo que hace que cada pareja baje girando al caer del árbol. El movimiento giratorio hace más lenta la caída de las semillas, que de esta forma pueden ser arrastradas por el viento y aterrizar lejos del árbol.

Las espirales y los tornillos son útiles para mover cosas hacia arriba y hacia abajo. Una de las primeras personas que utilizó un tornillo como máquina elevadora fue el científico griego Arquímedes. Éste inventó un tornillo capaz de elevar el agua haciéndola fluir en contra de la fuerza de la gravedad.

EXPERIMENTA

Este modelo de tornillo de Arquímedes no es suficientemente fuerte para elevar agua ni está hecho con los materiales apropiados, pero es un buen elevador de palomitas de maíz o cereales de desayuno.

Necesitas:
- *una varilla de madera*
- *una cuchilla*
- *una botella de plástico*
- *cola*
- *una chincheta*
- *cartulina fuerte*

1 Pide ayuda a un adulto para rebanar la base de la botella y hacer un agujero triangular en el cuello, como se muestra en la fotografía.

2 Corta seis discos de cartulina del mismo tamaño que el interior de la botella de plástico.

3 Haz un pequeño agujero en el centro de cada disco, del mismo diámetro que la varilla de madera.

4 Haz un corte en cada disco desde el agujero del centro hasta el borde.

5 Ahora une los discos de cartulina para hacer el tornillo. Toma dos discos. Pega el borde del corte de un disco al borde del corte opuesto del segundo disco.

6 A continuación, pega el borde libre del corte del segundo disco al borde opuesto del corte del tercer disco.

7 Continúa pegando los bordes de los cortes de los discos de esta manera, hasta que hayas pegado todos los discos y tengas un tornillo.

8 Introduce la varilla por los orificios de los discos y estira el tornillo de cartulina a lo largo de la varilla, como se muestra abajo. Pega firmemente los dos extremos libres del tornillo a la varilla.

9 Coloca el tornillo en el interior de la botella. Clava una chincheta por el centro del tapón y en el extremo de la varilla.

10 Prueba ahora tu tornillo de Arquímedes. Introduce la botella en un recipiente con palomitas de maíz y gira la varilla suavemente con los dedos para elevar las palomitas hasta el recipiente situado en un nivel más alto.

Los tornillos de Arquímedes se utilizan en las cosechadoras para elevar el grano hasta el silo de la máquina.

▲ Al igual que las levas, los tornillos son una forma de transformar un tipo de movimiento en otro. Nuestro elevador de palomitas de maíz transforma un movimiento de rotación (el giro de la varilla) en un movimiento ascendente.

Aunque los primeros tornillos de Arquímedes se construyeron hace más de 2.000 años, aún se emplean en la actualidad. En algunas zonas de África, los agricultores los emplean para elevar el agua de los ríos hasta los canales de riego. Estas sencillas bombas de agua funcionan accionadas por animales —generalmente bueyes— o manualmente.

Como la gravedad tira de los objetos hacia el suelo, es mucho más fácil colgarse de un trapecio que mantenerse en equilibrio en la cuerda floja. El peso de un trapecista cuelga por debajo de sus manos, de forma que —mientras sus brazos aguanten— no se caerá. Pero el peso de un equilibrista se encuentra por encima de sus pies; por eso basta que se incline un poco para que se caiga de la cuerda.

▲ Un péndulo tiene la pesa situada en el extremo más bajo. Si lo empujas lateralmente, la fuerza de la gravedad tiende a llevarlo de nuevo a la misma posición.

EXPERIMENTA

Intenta construir estos sencillos equilibristas de juguete. Parece que están de pie sobre la cuerda floja, pero mantienen el equilibrio porque en realidad la mayor parte de su peso se encuentra por debajo de ella.

Para hacer los equilibristas necesitas:

- cartulina fuerte
- lápices de colores
- cola y tijeras
- arandelas metálicas

1   Dibuja un equilibrista en una cartulina. Tiene que ser simétrico respecto a su eje.

2   Recorta el equilibrista. Haz una pequeña hendidura en el sombrero, sobre la que se equilibrará en la cuerda floja.

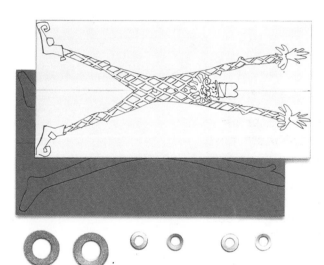

3   Pega una arandela a cada una de las manos del equilibrista. El peso de las arandelas, situado debajo de la cuerda floja, ayuda al acróbata a equilibrarse.

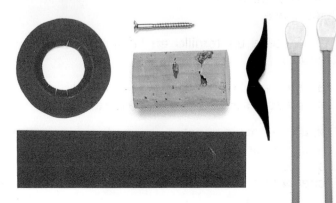

Algunos equilibristas llevan una pértiga, larga y flexible que les permite bajar su centro de gravedad, igual que las agujas del equilibrista con bigote.

Giróscopos

Un giróscopo es una máquina que parece desafiar la fuerza de la gravedad. Posee un pesado disco de metal que gira en torno a un eje en el interior de un bastidor. Aunque la gravedad tira del conjunto hacia abajo, el movimiento giratorio del disco no permite que se caiga, por lo que el giróscopo se equilibra sobre el alambre.

acróbatas
en
equilibrio

giróscopo

hombres
con
bigote

Para hacer el equilibrista con bigote necesitas:

- *agujas de punto*
- *tornillos* • *cartulina*
- *tijeras* • *cola*
- *corchos*

1 Corta el bigote y las piezas del sombrero de cartulina. Pégalas al corcho, como se muestra en la fotografía.

2 Enrosca un tornillo en la parte inferior del corcho.

3 Pide ayuda a un adulto para clavar las agujas de punto en el corcho formando un ángulo.

Igual que los acróbatas, el hombre con bigote mantiene el equilibrio porque la mayor parte de su peso está en las agujas, por debajo de la cuerda floja.

▶ Haciendo girar un giróscopo simple.

*Un giróscopo tiene una característica muy útil: una vez que está girando, el eje sigue apuntando en la misma dirección mientras pueda moverse libremente. A principios del siglo XX, los científicos aprovecharon esta característica para desarrollar un nuevo tipo de brújula, la **brújula giroscópica,** que se emplea actualmente en la mayor parte de los barcos y aviones.*

Las **máquinas neumáticas** emplean aire para transferir la fuerza de un lugar a otro. Tendemos a pensar que el aire es débil y ligero, pero si se **comprime,** puede ejercer una fuerza enorme. Un huracán, por ejemplo, puede arrancar árboles y derribar edificios. El aire del interior de una colchoneta hinchable es capaz de soportar el peso de una persona. Y unas ruedas llenas de aire aguantan el peso de un camión enorme o, incluso, de un avión.

EXPERIMENTA

Este hombrecillo sale disparado cuando aprietas la botella de plástico y comprimes el aire en su interior. El aire sale por la pajita y lanza al hombrecillo como si se tratara de un hombre bala.

Necesitas:

- cinta adhesiva
- cartulina e hilo
- una botella vacía de detergente líquido
- una pajita de refresco gruesa
- una pajita de refresco fina
- una bolsa de plástico

1 Sella uno de los dos extremos de la paja gruesa con cinta adhesiva.

2 Recorta en cartulina la forma de un hombre y pégala al extremo sellado de la paja.

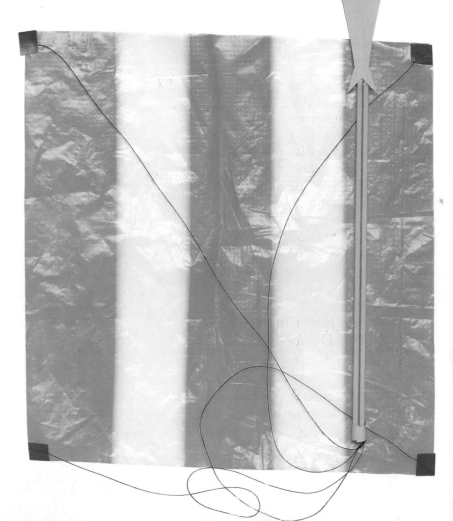

3 Introduce la paja fina por la boquilla de la botella de detergente líquido. Si no se ajusta perfectamente, sella la unión con plastilina o cola.

4 Introduce el extremo de la pajita gruesa por el de la pajita fina. Si no ajusta bien, haz un pequeño corte longitudinal en la gruesa para que entre la fina. Luego sella también la unión con cinta adhesiva.

5 Para lanzar tu hombrecillo, aprieta bruscamente la botella. El aire comprimido en el interior de la botella ejerce una fuerza sobre el extremo sellado de la paja gruesa al intentar escapar. El hombre volador es lanzado al vacío y recorre una trayectoria curva, como las esponjas lanzadas por la catapulta de la página 9.

Paracaídas

Si tu hombrecillo sale despedido y alcanza una gran altura, puedes equiparlo con un paracaídas para que tenga un aterrizaje suave.

1 Recorta un cuadrado de una bolsa de plástico. Pega cuatro trozos de hilo iguales en las esquinas y, luego, las cuatro puntas libres en el extremo de la pajita gruesa.

2 Pliega el paracaídas hasta formar una tira y colócala a lo largo de la pajita.

3 Lanza el hombre de la forma usual. El paracaídas se desplegará y lo dejará caer suavemente en el suelo.

▷ Al bajar, el paracaídas se abre y se llena de aire. El aire empuja hacia arriba el plástico, reduciendo la velocidad de caída del hombre, al igual que reduce la velocidad de caída de una hoja de papel o de una pluma.

Neumáticos

Los neumáticos son ruedas llenas de aire comprimido. Antes de que se inventaran, los carros y las bicicletas tenían ruedas hechas de tiras de goma rígida. Los neumáticos supusieron un avance importante, ya que amortiguan los golpes y nos permiten desplazarnos más cómodamente que sobre la goma rígida.

Los neumáticos fueron inventados en 1888 por John Dunlop, quien tuvo la idea al ver a su hijo montar en un triciclo sobre un terreno lleno de baches. Dunlop construyó su primera rueda llena de aire con un trozo de goma de una manga de riego. La compañía que fundó aún fabrica neumáticos.

Todas las máquinas necesitan **energía** para funcionar. Las poleas giran accionadas por la fuerza de tus músculos. La hélice de gravedad funciona porque la fuerza de la gravedad tira de los aviones hacia abajo. Pero, hoy en día, la mayor parte de las máquinas son accionadas por **motores.**

El motor de un cohete funciona quemando combustible y expulsando los gases calientes que produce la combustión. La expulsión de los gases por la parte inferior impulsa el cohete hacia adelante, haciéndolo elevarse en el cielo.

EXPERIMENTA

Este cohete de agua no obtiene la energía de un combustible, pero funciona de manera similar a un cohete de verdad empleando sólo aire y agua. Con una bomba de bicicleta, llena de aire comprimido el espacio que queda por encima del nivel del agua de la botella. La energía almacenada en el aire comprimido acaba por empujar el agua hacia fuera por la base del cohete, haciendo que éste salga lanzado hacia arriba.

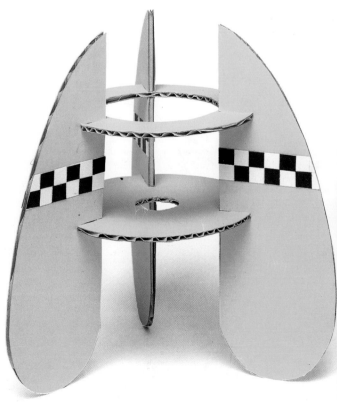

Para hacer un cohete de agua necesitarás:

- *una botella de plástico*
- *una bomba de bicicleta*
- *cartón corrugado grueso*
- *una válvula de aire (las mejores son las usadas en los balones de fútbol; puedes comprarlas en una tienda de deportes)*
- *cola fuerte*
- *cinta adhesiva*
- *un tapón de goma*

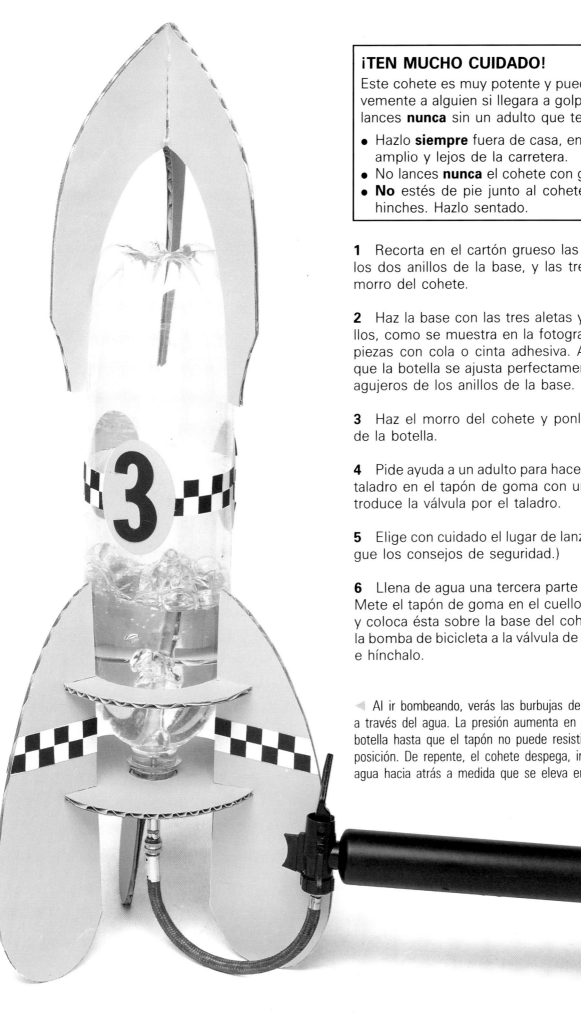

1 Recorta en el cartón grueso las tres aletas y los dos anillos de la base, y las tres piezas del morro del cohete.

2 Haz la base con las tres aletas y los dos anillos, como se muestra en la fotografía. Pega las piezas con cola o cinta adhesiva. Asegúrate de que la botella se ajusta perfectamente a los dos agujeros de los anillos de la base.

3 Haz el morro del cohete y ponlo en la base de la botella.

4 Pide ayuda a un adulto para hacer un pequeño taladro en el tapón de goma con un punzón. Introduce la válvula por el taladro.

5 Elige con cuidado el lugar de lanzamiento. (Sigue los consejos de seguridad.)

6 Llena de agua una tercera parte de la botella. Mete el tapón de goma en el cuello de la botella y coloca ésta sobre la base del cohete. Conecta la bomba de bicicleta a la válvula de aire. Siéntate e hínchalo.

◀ Al ir bombeando, verás las burbujas de aire ascender a través del agua. La presión aumenta en el interior de la botella hasta que el tapón no puede resistir más en su posición. De repente, el cohete despega, impulsando el agua hacia atrás a medida que se eleva en el cielo.

Un molino emplea la fuerza del viento para realizar un trabajo útil. Las norias transforman la fuerza de una corriente de agua en una energía aprovechable. Antes de que se inventaran las primeras máquinas de vapor, los molinos de viento y las norias eran casi las únicas máquinas que no eran accionadas por la fuerza muscular de los hombres o los animales. Los agricultores solían emplearlas para moler grano y bombear agua.

EXPERIMENTA

Intenta hacer este sencillo molino de viento. El viento hace girar las aspas y éstas mueven una manivela que hace subir y bajar una varilla.

Necesitas:

- *una taladradora manual*
- *cola fuerte para madera*
- *un tubo de cartón grueso*
- *una varilla de madera*
- *tiras de plástico fino rígido*
- *un listón de madera*
- *alambre y cuentas*
- *una cuchilla*
- *cartulina*
- *un corcho*

1 Corta el listón para hacer los cuatro trozos del bastidor. Dobla el alambre en forma de manivela.

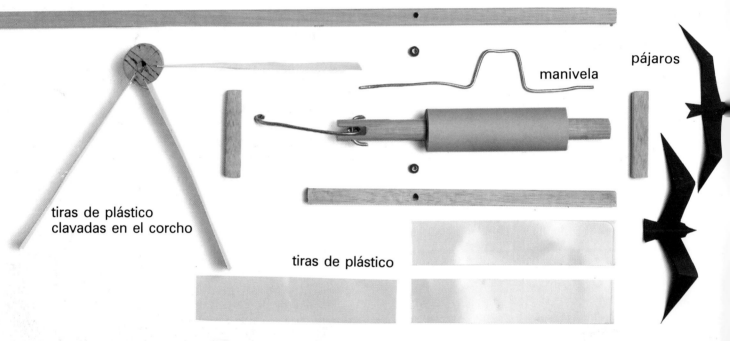

tiras de plástico clavadas en el corcho

manivela

pájaros

tiras de plástico

Cuando se inventaron los motores accionados por combustibles, los molinos y las norias empezaron a desaparecer. Sin embargo, ahora vuelven en una versión más moderna, debido en parte a la preocupación por la contaminación causada por los **combustibles fósiles**. La energía eólica y la hidráulica son más limpias y silenciosas que la energía obtenida en las centrales térmicas. Además tienen otra ventaja: nuestras reservas de viento y agua, al contrario que las de carbón, gas natural y petróleo, no son limitadas.

2 Taladra dos agujeros enfrentados en las piezas laterales del bastidor para introducir la manivela. Pega las piezas del bastidor con la manivela en su posición.

3 Haz las ranuras en el corcho. Introduce las tiras de plástico rígido y pégalas con cola.

4 Introduce una cuenta en cada extremo de la manivela. Luego clava el corcho en un extremo. Dobla el otro para fijar la manivela en su posición.

5 Haz una muesca en un extremo de la varilla de madera. Haz un taladro que atraviese la muesca. Pasa a través del taladro un trozo de alambre en forma de herradura.

6 Pega el tubo de cartón en la parte superior del bastidor y mete la varilla dentro de él. Conecta la herradura de alambre a la manivela con un tercer trozo de alambre, como se muestra en la fotografía. Asegúrate de que la varilla sube y baja con facilidad al girar la manivela.

7 Pega los pájaros de cartulina en la parte superior de la varilla.

▷ Haz girar las aspas del molino con un secador de pelo. También puedes sacarlo fuera para ver cómo gira con el viento. Experimenta clavando las aspas en el corcho con un ángulo diferente para ver si giran más rápido o más despacio.

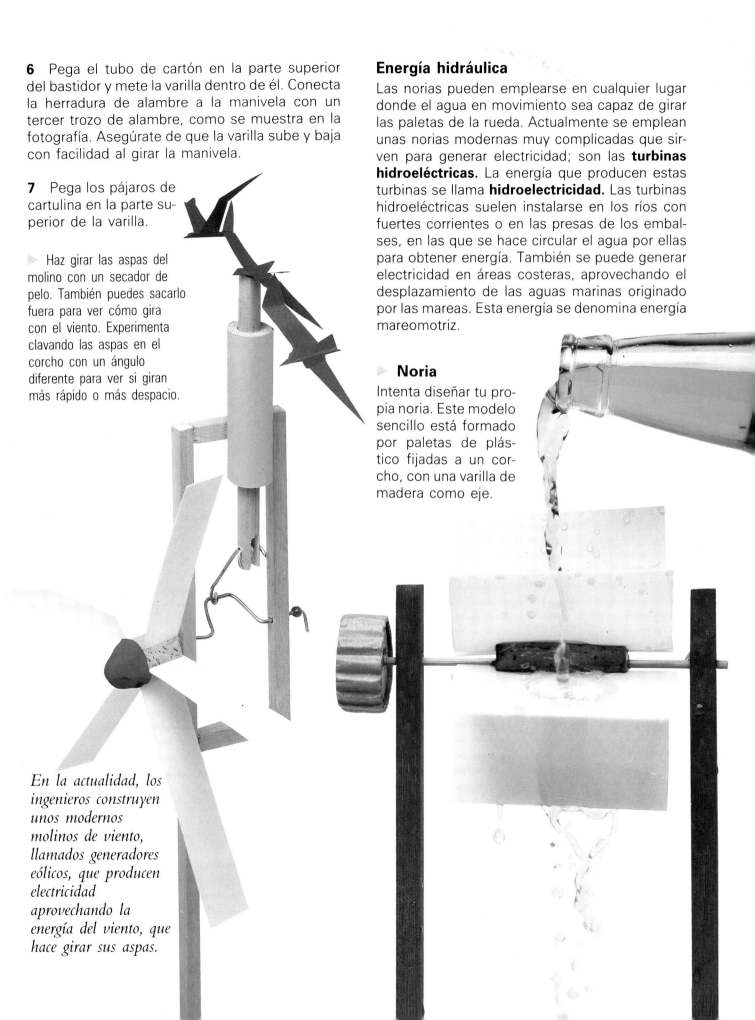

En la actualidad, los ingenieros construyen unos modernos molinos de viento, llamados generadores eólicos, que producen electricidad aprovechando la energía del viento, que hace girar sus aspas.

Energía hidráulica

Las norias pueden emplearse en cualquier lugar donde el agua en movimiento sea capaz de girar las paletas de la rueda. Actualmente se emplean unas norias modernas muy complicadas que sirven para generar electricidad; son las **turbinas hidroeléctricas.** La energía que producen estas turbinas se llama **hidroelectricidad.** Las turbinas hidroeléctricas suelen instalarse en los ríos con fuertes corrientes o en las presas de los embalses, en las que se hace circular el agua por ellas para obtener energía. También se puede generar electricidad en áreas costeras, aprovechando el desplazamiento de las aguas marinas originado por las mareas. Esta energía se denomina energía mareomotriz.

▷ Noria

Intenta diseñar tu propia noria. Este modelo sencillo está formado por paletas de plástico fijadas a un corcho, con una varilla de madera como eje.

La goma es un material sorprendente. Cuando la estiras, puede duplicar o, incluso, triplicar su longitud inicial. En cuanto la sueltas, vuelve inmediatamente a su tamaño original. La goma estirada almacena energía. Puedes emplear la energía elástica para lanzar la goma por los aires, hacer una catapulta o accionar coches, barcos y aviones.

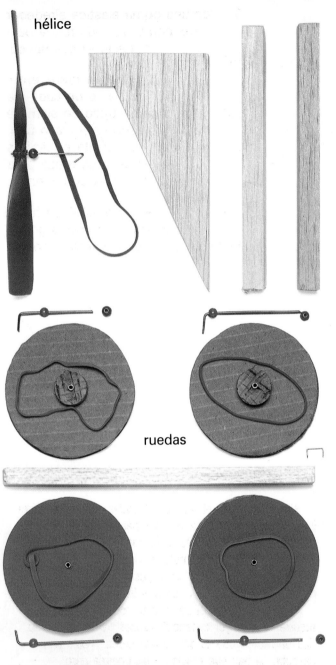

hélice

ruedas

eje

EXPERIMENTA

Este coche utiliza la energía almacenada en una goma retorcida para hacer girar una hélice. La hélice empuja el aire y hace avanzar el coche.

Necesitas:

- madera de balsa
- alambre o clavos finos
- cartón corrugado grueso
- una hélice de juguete
- tubo metálico fino
- gomas elásticas gruesas
- un clipe
- cuentas
- un corcho
- una cuchilla
- una grapadora

Las ruedas de cartón del coche son bastante difíciles de hacer, pero puedes emplear ruedas de plástico compradas en una tienda de modelismo.

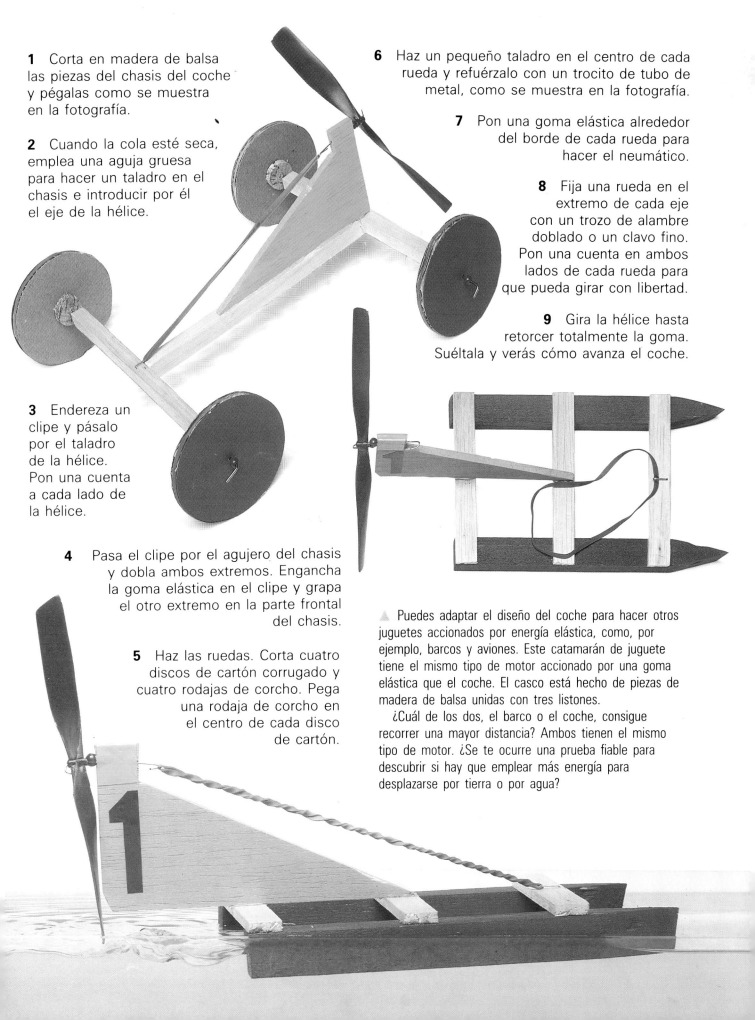

1 Corta en madera de balsa las piezas del chasis del coche y pégalas como se muestra en la fotografía.

2 Cuando la cola esté seca, emplea una aguja gruesa para hacer un taladro en el chasis e introducir por él el eje de la hélice.

3 Endereza un clipe y pásalo por el taladro de la hélice. Pon una cuenta a cada lado de la hélice.

4 Pasa el clipe por el agujero del chasis y dobla ambos extremos. Engancha la goma elástica en el clipe y grapa el otro extremo en la parte frontal del chasis.

5 Haz las ruedas. Corta cuatro discos de cartón corrugado y cuatro rodajas de corcho. Pega una rodaja de corcho en el centro de cada disco de cartón.

6 Haz un pequeño taladro en el centro de cada rueda y refuérzalo con un trocito de tubo de metal, como se muestra en la fotografía.

7 Pon una goma elástica alrededor del borde de cada rueda para hacer el neumático.

8 Fija una rueda en el extremo de cada eje con un trozo de alambre doblado o un clavo fino. Pon una cuenta en ambos lados de cada rueda para que pueda girar con libertad.

9 Gira la hélice hasta retorcer totalmente la goma. Suéltala y verás cómo avanza el coche.

Puedes adaptar el diseño del coche para hacer otros juguetes accionados por energía elástica, como, por ejemplo, barcos y aviones. Este catamarán de juguete tiene el mismo tipo de motor accionado por una goma elástica que el coche. El casco está hecho de piezas de madera de balsa unidas con tres listones.

¿Cuál de los dos, el barco o el coche, consigue recorrer una mayor distancia? Ambos tienen el mismo tipo de motor. ¿Se te ocurre una prueba fiable para descubrir si hay que emplear más energía para desplazarse por tierra o por agua?

Durante siglos, los científicos soñaron con poder construir máquinas que volaran como los pájaros, pero no tuvieron éxito hasta hace unos cien años. Debido a la fuerza que ejerce la gravedad y también a la baja densidad del aire, un avión no puede despegar a menos que tenga un potente motor y sea muy poco pesado para su tamaño. Nunca funcionaría un avión accionado por una máquina de vapor y cargado con sacos de carbón.

Necesitas:

- una taladradora o un punzón
- una goma elástica
- cartulina
- madera de balsa
- cola fuerte
- una cuchilla
- una hélice de juguete
- dos clipes y una cuenta
- alambre y un corcho

1 Recorta en cartulina el ala, la cola y el timón.

2 Haz el fuselaje. Corta dos listones de madera de balsa de 25 cm de longitud, y otros dos de 5 cm. Pégalas como se muestra en la fotografía.

3 Utiliza una taladradora o un punzón para hacer un pequeño agujero en cada extremo del fuselaje.

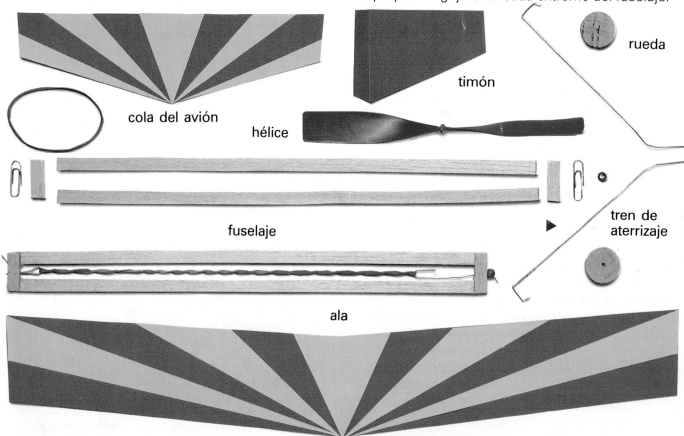

cola del avión

hélice

timón

rueda

fuselaje

tren de aterrizaje

ala

EXPERIMENTA

La goma es ligera, por lo que puede ser un buen motor para un avión de juguete. Este avión se mantiene en el aire sólo durante algunos segundos, pero descubrirás que se desplaza más rápidamente que el coche y el barco. El aire ofrece menos resistencia que el agua o el suelo, por lo que el desplazamiento aéreo puede ser más **eficiente** que el terrestre o el marítimo.

4 Haz dos ganchos con dos clipes. Pasa por ellos la goma elástica y coloca un gancho en cada extremo del fuselaje, como muestra la fotografía.

5 En el extremo de la cola, dobla el gancho hacia atrás y pégalo firmemente con cinta adhesiva para que no se mueva. Pon una cuenta en el extremo de la hélice, de forma que el gancho pueda girar libremente.

6 Coloca la hélice y dobla el clipe para sujetarla en su posición.

7 Pega las alas, la cola y el timón en su lugar.

8 Dobla el alambre para hacer la forma del tren de aterrizaje, e introduce dos rodajas de corcho en los extremos para que hagan de ruedas. Pega el alambre al fuselaje.

9 El avión está ya terminado, pero, antes de echarlo a volar, asegúrate de que está perfectamente equilibrado. Pon la punta de tus dedos bajo las alas y levántalo despacio. Si se desequilibra y se cae hacia adelante o hacia atrás, contrapésalo con unos trocitos de plastilina.

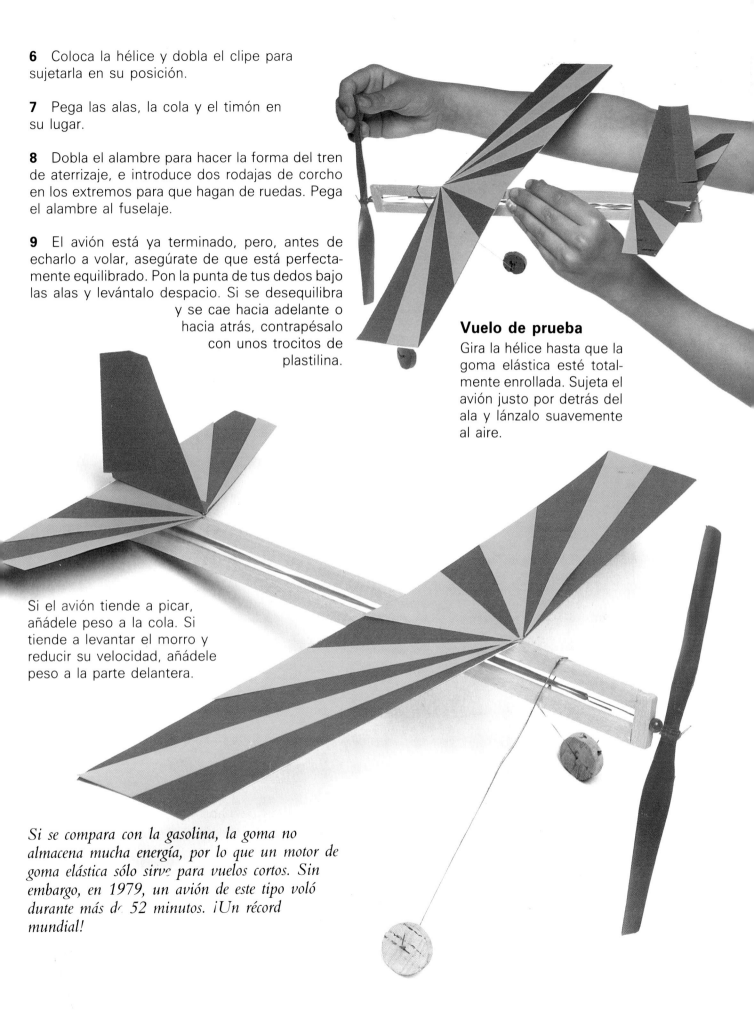

Vuelo de prueba

Gira la hélice hasta que la goma elástica esté totalmente enrollada. Sujeta el avión justo por detrás del ala y lánzalo suavemente al aire.

Si el avión tiende a picar, añádele peso a la cola. Si tiende a levantar el morro y reducir su velocidad, añádele peso a la parte delantera.

Si se compara con la gasolina, la goma no almacena mucha energía, por lo que un motor de goma elástica sólo sirve para vuelos cortos. Sin embargo, en 1979, un avión de este tipo voló durante más de 52 minutos. ¡Un récord mundial!

Cuando el agua se calienta, se transforma en vapor. El vapor ocupa más volumen que el agua, por lo que ejerce presión sobre las cosas que lo rodean. El inventor de la primera máquina de vapor probablemente vio cómo el vapor levantaba la tapa de una olla al fuego, y se dio cuenta de que esta energía se podía emplear para mover pistones y girar ruedas.

▲ Cómo doblar el tubo de metal

Para hacer el barco necesitarás enrollar un trozo de tubo de cobre o latón. La forma más fácil de enrollarlo es alrededor de una varilla de madera. Dóblalo lentamente, teniendo cuidado de no abollar el tubo.

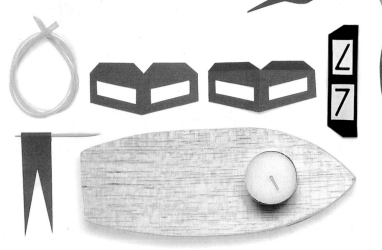

Necesitas:

- *una varilla de madera*
- *una vela pequeña*
- *madera de balsa*
- *cartón y pegamento*
- *un tubo de cobre o latón*
- *un palillo*
- *un tubo de plástico flexible que encaje en el tubo metálico*

1 Corta la madera de balsa con la forma del barco.

2 Enrolla el tubo de metal como se muestra arriba.

EXPERIMENTA

Estos barcos de vapor son impulsados por una vela. La llama de la vela hace hervir el agua en el interior del tubo metálico. Por un extremo del tubo sale el vapor a bocanadas, impulsando el barco hacia adelante. El vacío creado por el vapor que sale del tubo succiona más agua al interior del mismo.

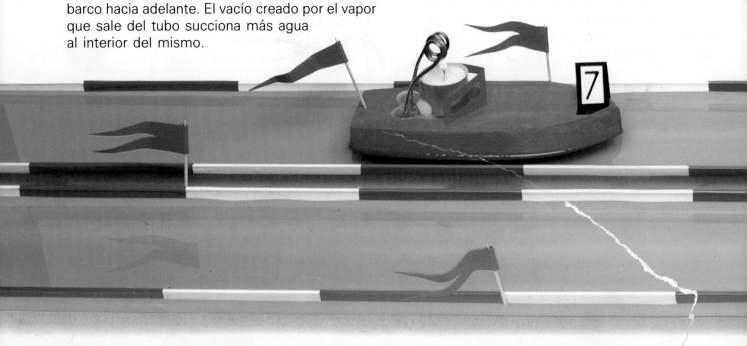

3 Con la ayuda de un adulto, haz dos pequeños agujeros en la barca y pasa por ellos los dos extremos del tubo.

4 Recorta en cartulina la bandera, el parabrisas y la placa con el número del barco; dóblalos y pégalos en su posición. Después pega la vela detrás del parabrisas, como muestra la fotografía.

5 Introduce uno de los extremos del tubo metálico en el tubo flexible, y pon el barco sobre el agua.

6 Succiona por el tubo de plástico hasta llenar de agua el tubo metálico. Cuando esté lleno, quita el tubo de plástico, teniendo cuidado de no levantar el barco del agua.
Enciende la vela y observa cómo avanza el barco.

Las primeras máquinas de vapor hacían el trabajo que solían llevar a cabo los caballos, por lo que la potencia de estas máquinas se medía en caballos de vapor. Una máquina de diez caballos de vapor realizaba el trabajo de diez caballos. En la actualidad, incluso el motor de un pequeño coche tiene más de 50 caballos. ¡Pero nuestro barco de vapor sólo tiene la potencia de un insecto!

▼ Carrera de barcos de vapor

Puedes hacer una carrera de barcos de vapor utilizando canalones de plástico llenos de agua.

¿Qué máquina se mueve a la misma velocidad hora tras hora? ¡Pues un reloj! La maquinaria de un reloj se mueve de forma regular, marcando con su movimiento los minutos que pasan.

EXPERIMENTA

Construir un reloj no es fácil. La mayor parte de las máquinas tienden a acelerarse o a desacelerarse. Una máquina que debe mantener una velocidad estable requiere una ingeniería inteligente para controlar su velocidad. ¡Intenta construir tú mismo este reloj accionado por canicas!

Necesitas:

- *madera y varillas*
- *unas canicas del mismo tamaño*
- *un reloj*

- *cola fuerte para madera*
- *una taladradora y una sierra*

1 Lee las instrucciones con detenimiento. Luego haz tu propio croquis del reloj. Calcula el tamaño que quieres que tenga y marca en tu boceto las medidas exactas de cada pieza.

2 Pide a un adulto que te ayude a cortar las piezas de madera que necesitas para hacer la estructura del reloj. Haz una muesca en la parte superior e inferior de una de las piezas laterales, en las posiciones que muestra la fotografía.

3 Pega la base, las piezas laterales y las dos piezas transversales de la parte superior de la estructura.

4 Corta ocho varillas de madera para hacer las pendientes por las que rodarán las canicas. Mídelas con exactitud, para que sean ligeramente más largas que las piezas transversales.

5 Pega las varillas en su posición para hacer las pendientes por las que rodarán las canicas. Ajústalas con precisión para que las dos varillas que forman un par estén bastante juntas en la parte superior y vayan separándose hasta que, al llegar al otro extremo, el hueco entre ellas sea lo suficientemente ancho como para que la canica caiga al tramo de pendiente inferior.

6 Corta dos trozos de madera para hacer el brazo de la palanca. Haz un taladro a un tercio de la longitud de la pieza más larga. Pega las dos piezas como muestra la fotografía. Añade un tope para las canicas en la pieza más corta.

7 Haz un taladro en cada apoyo de la palanca. Pégalos a la estructura del reloj. Coloca la palanca en su posición con un trocito de varilla. Verifica que el brazo de la palanca oscila con libertad.

8 Inicia el descenso de una canica. Cuando llegue abajo, debe golpear el brazo de la palanca con fuerza suficiente para liberar otra canica.

Emplea un reloj con segundero para medir el tiempo que tarda cada canica en su recorrido desde arriba hasta abajo.

Ajustando la palanca

Probablemente tengas que ajustar la palanca hasta conseguir que funcione correctamente. Si el tope de la palanca libera más de una canica cada vez, añádele peso a la parte inferior de la palanca pegándole un trozo de plastilina.

Los relojes electrónicos modernos son muy exactos y fiables. Funcionan durante más de un año con una pequeña pila, sin adelantarse ni retrasarse más que unos pocos segundos en ese período de tiempo. Los relojes antiguos eran mucho menos exactos.

Todos los relojes que ves en esta página se han empleado en el pasado. ¿Crees que son muy exactos? Intenta construirlos y realiza mediciones para ver cúanto adelantan o atrasan.

Relojes de arena

Los relojes de arena aún se emplean, por ejemplo, para medir el tiempo necesario para cocer un huevo. Haz un embudo de cartulina y pégalo al cuello de una botella. Llena el embudo con arena seca y mide cuánto tarda en caer.

▷ Emplea un reloj para **calibrar** el reloj de arena. Marca el nivel de arena a intervalos regulares; por ejemplo, cada diez segundos. ¿Están igualmente espaciadas las marcas? Si no es así, ¿por qué crees que varía la separación entre las marcas?

Relojes de vela

En la Edad Media, los monjes a veces usaban velas para medir el tiempo. Con la ayuda de un adulto, mide lo que se quema de una vela en una hora. Haz marcas de una hora en el resto de la vela con cinta adhesiva. Luego marca también las medias y los cuartos de hora. ¿Es muy exacto este tipo de reloj?

Relojes de agua

¿Te has puesto a escuchar alguna vez el sonido que hacen las gotas de agua de un grifo mal cerrado? Las gotas caen tan regularmente que eres capaz de adivinar con exactitud cuándo va a sonar la siguiente. Los antiguos chinos emplearon el goteo del agua para hacer maravillosos relojes.

Para hacer el reloj de agua necesitas:

- *un vaso y una pajita*
- *plastilina y cinta adhesiva*
- *una cuenta grande de madera*
- *un recipiente de plástico viejo*

1 Haz una escala marcando la paja con cinta adhesiva. Sujeta la paja a la base del vaso con plastilina.

2 Pasa la cuenta por la paja.

3 Haz un agujero pequeño en el fondo del recipiente. Llénalo de agua y manténlo encima del vaso.

4 A medida que el agua gotea en el vaso, la cuenta asciende por la escala marcada en la paja. Si el agua sube con demasiada lentitud, haz más grande el agujero. Si sube demasiado rápidamente, tapa el agujero con cinta adhesiva y haz otro más pequeño.

*Hace más de trescientos años, el gran científico italiano Galileo Galilei estaba sentado en la catedral de Pisa observando la oscilación de una lámpara suspendida. Se dio cuenta de que la lámpara era un **péndulo,** y que tardaba exactamente el mismo tiempo en cada oscilación.*

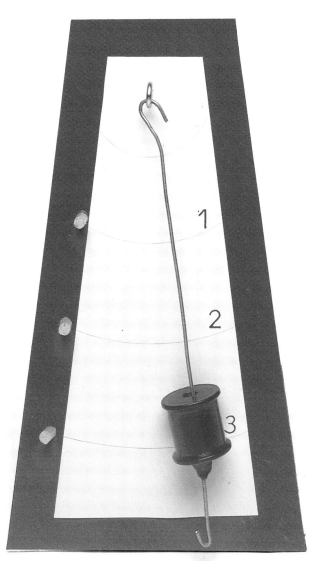

▲ Reloj de péndulo

Un péndulo es una buena manera de medir el tiempo. Puedes hacer un péndulo con un carrete de hilo, plastilina y alambre. Cuélgalo de una hembrilla y utiliza tu reloj para investigar cómo varía el tiempo que emplea en cada oscilación cuando desplazas el carrete hacia arriba o hacia abajo.

¿Se te ocurre alguna otra manera de medir el tiempo con una máquina inventada por ti?

Alcance: Distancia recorrida por un proyectil desde que es lanzado hasta que llega al suelo.

Árbol de levas: Eje rotatorio que mueve una o más levas y que distribuye movimientos que tienen que estar sincronizados.

Brújula giroscópica: Instrumento cuyo indicador apunta siempre al norte, aunque la nave o el avión se incline, porque contiene un giróscopo.

Cadena de transmisión: Cadena que transmite la potencia de una rueda dentada a otra. Los eslabones de la cadena se ajustan en los dientes de la rueda. La cadena de una bicicleta es una cadena de transmisión.

Calibrar: Establecer con la mayor exactitud posible la correspondencia entre los indicadores de un instrumento y los valores de la magnitud que se mide con él.

Carga: El peso o fuerza que se mueve mediante la aplicación de un esfuerzo a una palanca o una polea.

Combustibles fósiles: El carbón, el petróleo y el gas natural son combustibles fósiles. Se han formado a partir de restos de animales y plantas que han estado enterrados durante miles de años bajo capas de barro y roca.

Comprimido: Algo está comprimido cuando ha sido apretado con fuerza. El aire comprimido almacena energía que puede emplearse para propulsar, por ejemplo, un cohete de juguete.

Correa de transmisión: Correa de goma u otro material que transmite la potencia de una polea a otra.

Cubo: Pieza central de una rueda. El eje normalmente pasa por el cubo.

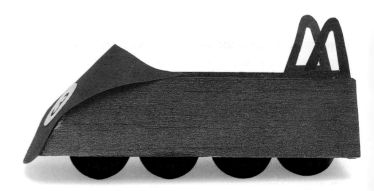

Eficiente: Una máquina eficiente realiza su trabajo sin desperdiciar energía. El aceite, por ejemplo, permite que muchas máquinas se muevan con suavidad y aumenten su eficiencia al reducir el rozamiento entre las piezas en movimiento.

Energía: Cuando algo tiene energía, tiene la capacidad de producir que los objetos se muevan o cambien. La gente usa la energía almacenada en sus músculos para mover objetos. Los motores emplean la energía de los combustibles, como la gasolina.

Engranaje: Ruedas dentadas que engranan unas en otras y llevan el movimiento de un lugar a otro. Los engranajes también se emplean para modificar la velocidad y la dirección del movimiento.

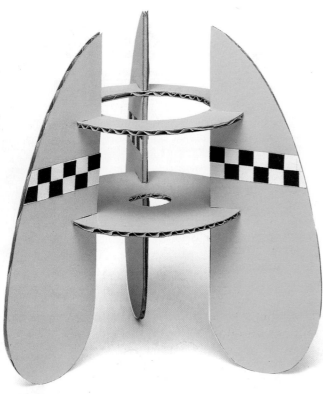

Engranar: Encajar los dientes de una rueda.

Esfuerzo: La fuerza necesaria para hacer funcionar una palanca o una polea.

Fuerza: Empuje o tirón empleado para levantar algo, empezar a moverlo o pararlo en contra de otra fuerza, como la gravedad.

Hidroelectricidad: Electricidad producida por la energía del agua en movimiento.

Ingeniero mecánico: Persona que tiene los conocimientos necesarios para trazar y construir máquinas y artefactos.

Leva: Rueda cuyo eje de rotación no coincide con el centro y que gira en contacto con otra pieza. Se emplea para transformar un movimiento de rotación en un movimiento oscilante lineal.

Máquina neumática: Artefacto que emplea la fuerza del aire comprimido para realizar un trabajo.

Motor: Máquina que utiliza la energía de un combustible (el carbón o la gasolina, por ejemplo) para hacer un trabajo, como levantar un peso o hacer girar unas ruedas.

Palanca: Barra rígida que se apoya y puede girar sobre un punto. Aplicando un esfuerzo en un extremo de la palanca, se puede levantar una carga en el otro extremo.

Pantógrafo: Instrumento que sirve para copiar, reducir o ampliar un plano o un dibujo.

Péndulo: Peso suspendido que oscila por la fuerza de la gravedad.

Polea: Rueda accionada por una cuerda o una correa de transmisión. Cambia la dirección de una fuerza, o la traslada de un lugar a otro.

Proyectil: Objeto lanzado por una catapulta o un cañón.

Punto de apoyo: Pivote o bisagra en torno a la cual oscila o gira una palanca.

Rodamiento de bolas: Los rodamientos de bolas ayudan a reducir el rozamiento cuando una rueda gira en torno a un eje. Las bolas de acero están colocadas de forma que rueden entre la rueda y el eje.

Rotar: Girar como una rueda o un eje.

Rozamiento: Fuerza de fricción que se opone al deslizamiento de unos objetos sobre los otros. En superficies rugosas, como el papel de lija, se produce más rozamiento que en superficies lisas, como el hielo.

Trayectoria: Camino curvado que recorre un proyectil por el aire.

Turbina hidroeléctrica: Máquina que gira accionada por la energía del agua y que está conectada a un generador eléctrico.

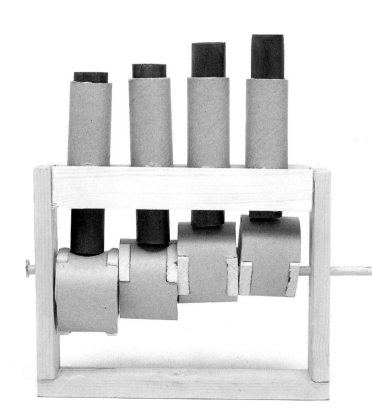